AF250931

Fascicule, n° 6.

LIGUE SAINT-MARTIN

CONFÉRENCE DU 6 JANVIER 1884

SUR

les Rapports de l'Église et de l'État

PAR

M. GROUSSAU

ARRAS

IMPRIMERIE DE LA SOCIÉTÉ DU PAS-DE-CALAIS

P.-M. LAROCHE, DIRECTEUR

Rue d'Amiens, 41 & 43

—

1884

LIGUE SAINT-MARTIN

LE 6 JANVIER 1884

Le Dimanche 6 Janvier 1884 a eu lieu, à Arras, dans la salle de la rue des Louez-Dieu, la Conférence de M. Groussau, avocat, professeur de droit administratif aux Facultés catholiques de Lille, sur « les rapports de l'Eglise et de l'Etat, d'après les projets de loi soumis au Parlement ».

La Ligue Saint-Martin, offrant à tous une discussion loyale et sérieuse, avait voulu que cette Conférence fut absolument publique. De son côté, le journal républicain l'*Avenir* d'Arras avait vivement engagé ses amis à venir en grand nombre.

Avant l'heure fixée pour l'ouverture de la séance, la salle était comble : l'auditoire comprenait plus de cinq cents personnes.

Le bureau était composé de M. de Franssu, président, et de MM. Milliroux, Vasselle et A. de Galametz, assesseurs.

A quatre heures et demie précises, M. de

Franssu a ouvert la séance par une allocution très applaudie.

DISCOURS DE M. DE FRANSSU.

Messieurs,

Ma première parole en ouvrant cette séance doit être un remerciement adressé à tous ceux qui remplissent cette salle pour avoir répondu en si grand nombre à la courtoise invitation des organisateurs de cette réunion publique. Puis, je suis heureux d'acquitter une dette en apportant ici le public hommage de la reconnaissance des catholiques d'Abbeville et je pourrais ajouter de tous les amis de la vérité envers la Ligue de Saint-Martin. Cet hommage s'adresse surtout aux quatre courageux orateurs, qui, répondant avec empressement à un appel bien tardif, sont venus à Abbeville pour y réfuter les nombreuses erreurs historiques d'un conférencier sorti depuis peu d'années de l'asile d'aliénés de Clermont. (*Rires.*) Le président de cette réunion publique, M. le député Tony-Révillon, a rendu lui-même un éclatant témoignage au courage déployé par nos amis en présence de l'intolérance d'un auditoire soigneusement préparé d'avance et des ignobles menaces dont l'effet n'a été arrêté que par leur correcte et vaillante attitude.

Au nom des amis de la vérité, à quelque parti qu'ils appartiennent, recevez, Messieurs, le

juste hommage de reconnaissance qui vous est
dû. (*Applaudissements.*)

L'auditoire de cette réunion publique, Messieurs, ne montrera pas la même intolérance que
celui d'Abbeville, j'en ai la ferme conviction et
je puis vous assurer de l'entière impartialité du
président.

Je suis fermement résolu à faire respecter
la liberté de la tribune, non seulement à l'égard
de l'éloquent conférencier que vous allez entendre d'abord, mais aussi à l'égard de tous ceux
d'entre vous qui, à la suite de la conférence,
demanderaient la parole.

Nous ne comprenons pas, en effet, qu'une
réunion publique ne soit pas en même temps
contradictoire, puisque ces réunions doivent
avoir pour but de s'éclairer mutuellement à
l'aide d'une discussion calme, loyale et sincère.
Agir autrement laisserait à penser qu'on veut
arguer de faits d'une véracité contestable pour
en tirer une conclusion erronée.

Je tiens donc à vous affirmer de nouveau de
ma complète impartialité, persuadé d'avance, du
reste, que tous vous me rendrez la tâche facile
en écoutant d'abord le conférencier sans l'in-
terrompre. Puis, si quelques-uns d'entre vous
ont à présenter des objections, circonscrites,
bien entendu, au sujet qui va être traité, je
m'empresserai de leur donner la parole en les
remerciant d'avance de poser des objections
que nous sollicitons.

En suivant ce programme, vous rendrez cette
réunion utile et fructueuse, et je suis persuadé

que c'est dans ce but que vous avez accepté la courtoise invitation qui nous réunit dans cette enceinte.

Je vous demandais de circonscrire les objections que vous auriez à présenter au sujet traité par le conférencier, ce n'est que dans ces conditions que je pourrai maintenir la parole à un orateur. Il est donc de mon devoir d'indiquer bien nettement le sujet de la conférence. L'Eglise et l'Etat, dit l'affiche, c'est-à-dire les relations entre cette société vieille de 18 siècles mais toujours jeune parce qu'elle est éternelle, qu'on appelle l'Eglise et notre jeune société française qui a jusqu'alors compris la nécessité de s'appuyer sur son aînée. Ces relations, Messieurs, sont stipulées dans un contrat régulier qu'on appelle le Concordat. C'est l'étude de ce traité destiné à régler les rapports du catholicisme en France avec le Saint-Siège que M. le professeur Groussau va faire devant vous; de ce traité, Messieurs, qui n'ayant été dénoncé par aucune des parties contractantes constitue une loi internationale parfaitement existante et qu'aucune des deux parties ne peut enfreindre sans manquer à la parole donnée. (*Très bien.*) Tels sont les termes dans lesquels, si elle se présente, la discussion pourra être acceptée.

Je n'ai pas besoin, Messieurs, de vous présenter le conférencier, vous le connaissez déjà, et les applaudissements qu'il a recueillis dans cette salle prouvent surabondamment combien sa logique est serrée, sa science du droit profonde et sa parole éloquente. (*Applaudisse-ments.*)

DISCOURS DE M. GROUSSAU.

MESSIEURS,

Je ne puis me retrouver dans cette enceinte et devant cet auditoire sans me rappeler l'accueil si bienveillant que vous avez daigné me faire l'année dernière et dont M. le Président vient trop gracieusement de ranimer le souvenir, sachant sans doute qu'il est pour moi un encouragement et une force, au moment où j'aborde le grave sujet dont je dois vous entretenir.

Grave sujet, oui, Messieurs ! La Ligue Saint-Martin choisit des sujets graves comme les circonstances que nous traversons : elle veut que ses conférences soient le reflet des préoccupations de l'opinion publique. Certes c'est une grande puissance que l'opinion publique : Lacordaire l'appelait « la Reine du monde, » mais c'est une reine qui ne gouverne pas toujours au nom de la raison. Faut-il s'en étonner ? L'opinion publique a tant à faire, surtout par le temps qui court : elle doit, chaque jour, se former sur tant de points importants qu'il ne faut point lui en vouloir, si elle n'a pas toujours les loisirs de courir après la vérité. (*Sourires.*) En lui offrant de temps en temps une heure de recueillement, la Ligue Saint-Martin répond au désir des intelligences élevées qui ne s'arrêtent pas à la superficie des choses et qui, pour trancher les questions, veulent les connaître, les étudier, les approfondir. A toute âme un peu fière, il faut la vérité. (*Applaudissements.*)

Quelle est la vérité sur les questions religieuses soumises aux Chambres, quelle est la vérité sur les projets de loi tendant à modifier les rapports de l'Eglise et de l'Etat? Voilà l'objet de cette conférence.

Les rapports de l'Eglise et de l'Etat sont réglés dans un traité qu'on appelle le Concordat. Que va-t-on faire du Concordat? Cette question, posée devant le Parlement, est mise à l'ordre du jour devant l'opinion. Par la force même des choses, c'est la question capitale dans la lutte religieuse. Et, si l'on en croit les défis lancés pendant la dernière discussion du budget des cultes, c'est très prochainement que les adversaires seront aux prises. Le moment est donc venu d'examiner le terrain et les préparatifs du combat.

Je viens faire cet examen devant vous, les document officiels à la main. Vous me permettrez de m'exprimer avec une entière liberté et de dire les choses telles que je les pense. Il y a peut-être, il y a certainement (et je m'en félicite), dans cette nombreuse réunion, des personnes qui diffèrent de sentiments et d'opinions, qui n'ont pas l'habitude d'envisager les choses et les évènements de la même façon ; mais je suis persuadé que tous sans exception, vous tenez en estime ce qu'on nomme la franchise, la loyauté, la bonne foi, et je suis sûr qu'il n'est pas de meilleur moyen de solliciter votre bienveillante attention que de s'adresser à vous avec la sincérité d'une conviction absolue ! (*Applaudissements unanimes.*)

Ma conviction, Messieurs, c'est que la question du Concordat n'est qu'une phase de la lutte engagée par l'athéisme contre le catholicisme. L'athéisme ! Le catholicisme ! voilà les deux ennemis en présence. Ceux qui ne croient pas en Dieu se sont levés contre ceux qui croient en Dieu, contre ceux qui représentent Dieu, contre Dieu lui-même. (*Applaudissements.*)

Et il importe de remarquer comment la campagne a été entreprise et conduite par une poignée d'hommes audacieux et habiles.

Tactique des ennemis de la Religion.

Quand ils ont commencé la guerre, il y a quatre ou cinq ans, ils n'ont point inscrit sur leur drapeau : « A bas la religion ! » C'était la pensée de leur cœur, mais il fallait la cacher aux yeux de la foule pour l'entraîner. Ils ont donc crié partout : « Le cléricalisme, voilà l'ennemi ! » Et on les entendait répéter : « Personne ne respecte plus que nous le catholicisme. Attaquer la croyance du plus grand nombre de nos concitoyens, mais ce serait la dernière et la plus criminelle des folies. — C'est même dans l'intérêt de la religion que nous combattons le cléricalisme ! » Les bons apôtres ! (*Sourires.*)

En même temps, ils faisaient du cléricalisme un tableau capable de terrifier les populations. Les uns disaient : « C'est un parti enflammé d'ambition qui veut régner à tout prix, au moyen du fanatisme et de la superstition. » Et les autres (toutes mes citations sont puisées dans le *Journal officiel*), les autres ajoutaient : « C'est un parti qui a soif de revenir aux iniquités du passé, qui compromet nos alliances à l'extérieur, qui souhaite la guerre, qui étend sa main sur tous les ressorts de la puissance publique... » Voilà l'ennemi de convention créé pour servir de prétexte à toutes les attaques antireligieuses. Toutes les fois qu'il s'est agi de frapper la religion, on a dit au peuple : « Attention ! c'est le cléricalisme que nous allons abattre. » Et cette tactique a parfaitement réussi. Peu à peu se réalise le programme complet dressé dès l'origine.

Peu à peu, lentement, mais sûrement, car c'est encore par une perfide habileté que, le siège étant mis partout à la fois, les places sont prises séparément. On ne fait point une loi générale pour chasser Dieu des institutions de l'Etat et de l'esprit des hommes : devant une pareille loi, la France tout entière reculerait épouvantée... ou plutôt, Messieurs, elle se lèverait avec indignation contre les auteurs d'un tel forfait ! (*Vifs applaudissements.*) Mais on poursuit le même but par une série de lois distinctes et voici ce qui arrive. Chaque projet odieux est accueilli par le plus grand nombre avec moins d'inquiétude que d'incrédulité : il semble impossible que des mesures aussi détestables soient adoptées. Cela inspire de l'horreur, mais il n'y a pas de danger : il vaut mieux n'y pas penser. Or un peu de temps s'écoule et une partie du projet est votée ; encore un peu de temps et le projet passe tout entier. Alors c'est la loi : il faut bien l'accepter. Cela paraît horrible, mais on n'y pense presque plus. (*Très bien.*)

Je ne m'arrêterai point à vous rappeler les actes accomplis contre la religion depuis quelques années... J'en suis persuadé, votre mémoire conserve le souvenir de tous les attentats contre les libertés chrétiennes ; mais, je vous le demande, Messieurs, avons-nous encore au cœur cette impression douloureuse, cette brûlante ardeur, cette soif de justice qui s'emparaient de nous, le jour où nous apprenions que la religion perdrait ses représentants dans les bureaux de bienfaisance, dans les hôpitaux et dans l'armée, pendant que ses emblêmes disparaîtraient des écoles, du prétoire et de la porte des cimetières ! le jour où nous apprenions que les décrets du 29 mars, usurpant la place de la loi, joindraient à l'illégalité la plus odieuse des injustices ! le jour où nous apprenions que l'enseignement serait obligatoire et qu'il serait sans Dieu, sanglant outrage à la liberté du père et de la mère de famille, sanglant outrage à leur dignité, à leur conscience et à leur amour. (*Applaudissements.*)

Ah, Messieurs, que la tactique des ennemis de la religion serait facile à déjouer, si nous savions nous souvenir du passé en examinant l'avenir ! C'est dans cette disposition d'esprit que je vous prie de rechercher avec moi le caractère et les périls des projets relatifs au Concordat.

Le Concordat.

Le Concordat, c'est le nom donné au traité passé en 1801 entre le Saint-Siège et le Gouvernement français, c'est le traité qui règle actuellement en France les rapports de l'Eglise et de l'Etat.

L'Eglise et l'Etat! voilà les deux puissances auxquelles les hommes sont soumis. D'une part, les hommes vivent sur la terre en société : comme tels ils sont dans l'Etat. D'autre part, les hommes ont une âme immortelle et sachant qu'après cette vie de la terre commence l'éternité, ils doivent préparer le salut de leur âme : comme tels ils sont dans l'Eglise. Les deux puissances sont donc distinctes et possèdent chacune leur domaine ; mais, comme elles s'adressent aux mêmes hommes, à la fois citoyens de l'Etat et enfants de l'Eglise, à la fois catholiques et Français, elles doivent se prêter un mutuel appui. Loin d'être naturellement des puissances rivales et ennemies, elles doivent nous apparaître comme des alliées dans l'œuvre du développement temporel et spirituel de l'homme. (*Applaudissements.*)

Et tel doit être le caractère des rapports de l'Eglise et de l'Etat en France. Le Concordat de 1801 est un traité d'alliance : pour le bien comprendre, il faut ajouter aussi que c'est un traité de paix.

On sait quelle a été la situation religieuse créée par la Révolution; trois mots suffisent à la dépeindre : c'est la confiscation, le schisme et la persécution. Après s'être emparé des biens des congrégations et du clergé, l'Etat, la Nation, comme on disait à cette époque, voulut s'emparer de la direction des âmes. Alors apparut une loi, appelée la Constitution civile du clergé, qui donnait à l'Etat tout seul la mission de déterminer les diocèses et les paroisses, qui faisait nommer les évêques et les curés par les électeurs, qui séparait la France du Saint-Siège et de l'Eglise universelle. L'Eglise protesta, le clergé protesta, les fidèles protestèrent et à toutes ces protestations ce fut la persécution religieuse qui répondit.

Eh bien, la fin de cette persécution, le rétablissement de la paix, c'est le Concordat ! En 1801, la France déchire la Constitution civile du clergé et se concerte avec le Saint-Siège : d'un commun accord on rédige le traité qui n'a pas cessé depuis de régler les relations entre l'Eglise et l'Etat.

Si nous ouvrons ce traité, nous trouvons d'abord cette déclaration inscrite dans le premier article : « La religion catholique, apostolique et romaine sera librement exercée en France. » (*Applaudissements.*) La formule est solennelle : c'est que le principe est fondamental. Il y a bien des questions résolues dans ces deux lignes : gravons-les dans notre mémoire, car nous aurons à nous en servir tout à l'heure : « La religion catholique, apostolique et romaine sera librement exercée en France. » (*Nouveaux applaudissements.*)

Et, sans s'arrêter à dégager les conséquences de ce grand principe, le Concordat tranche les difficultés soulevées par la crise révolutionnaire.

Qui déterminera les circonscriptions ecclésiastiques ? — L'autorité religieuse de concert avec le Gouvernement.

Qui nommera les évêques? — Le Gouvernement, de concert avec le Saint-Siège donnant son adhésion sous la forme de l'institution canonique.

L'Église pourra-t-elle avoir des biens ? — Oui, les édifices consacrés au culte lui seront rendus et les fidèles pourront faire des fondations.

Et les biens ecclésiastiques confisqués et vendus pendant la Révolution, seront-ils restitués? — Non, le Saint-Siège consent à ce que les acquéreurs ne soient pas troublés, mais le Gouvernement, de son côté, s'engage à servir un traitement convenable aux évêques et aux curés. Remarquez ce point, Messieurs, si vous voulez comprendre le caractère du budget des cultes.

Le jour où les biens ecclésiastiques furent mis à la disposition de la Nation, le 2 novembre 1789, ce fut à la triple charge de pourvoir d'une manière convenable aux frais du culte, à l'entretien de ses ministres et au soulagement des pauvres. Voilà l'origine du budget des cultes : ce n'est pas un don de l'État, c'est une indemnité. L'État prend les biens et s'engage à

servir une sorte de rente ; l'Etat se reconnaît
le débiteur du clergé et les auteurs mêmes de
la confiscation déclarent bien haut que c'est
une dette sacrée. Après le Concordat, elle sera
deux fois sacrée et par son origine et par la
condescendance du Saint-Siège. (*Applaudissements.*)

Les Articles organiques.

J'en ai dit assez pour vous donner une idée
générale du Concordat, j'ajoute maintenant
qu'il ne faut pas le confondre avec les Articles
organiques : c'est ainsi qu'on appelle une loi de
1802 qui contient aussi des règles concernant
le culte catholique.

Le Concordat et les Articles organiques sont
deux choses absolument distinctes, qui n'ont ni
la même origine ni la même valeur. Tandis que
le Concordat émane des deux puissances, les
Articles organiques émanent seulement de
l'une d'elles, du Gouvernement français. C'est
une loi ajoutée à un traité Après que l'Eglise
et l'Etat ont dit ensemble : « Voilà les règles
qui présideront à nos rapports, » l'Etat élève
encore la voix et cette fois il parle seul : qu'a-
t-il le droit de dire ? — Il a le droit de dévelop-
per et de mettre en pratique les dispositions du
Concordat, il a le droit de prendre des mesures
nécessaires pour en assurer l'exécution. S'il
fait cela, il ne mérite aucun reproche. — Mais
aurait-il le droit de décider quelque chose qui
porterait atteinte au Concordat ? Evidemment

non, la bonne foi et l'équité s'y opposeraient.
Aurait-il le droit de prendre seul des mesures
qui ne sont pas exclusivement de son domaine,
qui touchent à la discipline de l'Eglise? Evidemment non, sans cela les Concordats seraient inutiles. (*Très bien.*)

Et cependant c'est ce que les Articles organiques ont tenté de faire à plusieurs points de
vue. Il y a, dans les Articles organiques, des
dispositions très légitimes, mais il y en a aussi
d'autres qui placent l'Etat en dehors de ses
limites et qui violent le Concordat : celles-là
ne peuvent être valablement imposées à l'E-
glise.

Sans m'arrêter aux dispositions caduques qui
règlent le costume des ecclésiastiques et qui ne
permettent aux archevêques et évêques de
porter que le titre de citoyen ou celui de Mon-
sieur ; sans m'arrêter à l'obligation de n'avoir
qu'un seul et même catéchisme pour toute la
F.ance, heureusement encore qu'on n'exige pas
la garantie du Gouvernement (*rires*), comme
pour l'enseignement dans les séminaires où les
professeurs devraient soutenir la Déclaration
de 1682, c'est-à-dire se mettre en hostilité avec
l'Eglise pour le bon plaisir de l'Etat ; sans parler des appels comme d'abus et de tant d'autres
règles malveillantes, je me borne à vous lire le
premier des Articles organiques pour le com-
parer au Concordat : « Aucune bulle, bref,
rescrit, mandat, provision, ni autres expédi-
tions de la Cour de Rome, même ne concernant
que les particuliers, ne peuvent être reçus, pu-

bliés, imprimés, ni autrement mis à exécution, sans l'autorisation du Gouvernement. » En termes plus simples, cela signifie : « Le Pape, le Chef de l'Eglise ne peut pas dire un mot à la France sans la permission du Gouvernement. » (*Sensation.*) L'impression que vous manifestez démontre mieux, que tous les raisonnements, l'abîme qui existe entre le Concordat et les Articles organiques. Vous ne l'avez point oublié, le Concordat proclame la liberté de la religion et voici que dans les Articles organiques, le Gouvernement déclare qu'il y aura liberté quand il le permettra ! Est-ce loyal ? Non. Est-ce juste ? Non, Messieurs, non. (*Applaudissements.*)

Je sais bien que, pour soutenir la parfaite validité des Articles organiques, on a invoqué cette phrase du Concordat : « Le culte catholique sera public, en se conformant aux règlements de police que le Gouvernement jugera nécessaires pour la tranquillité publique. » Et l'on a prétendu que les Articles organiques étaient tout simplement ces règlements de police prévus et légitimés d'avance par le Concordat. Jamais affirmation ne fut plus fausse : l'histoire des négociations du Concordat lui donne un démenti absolu. Sans entrer dans des détails qui seraient, malgré leur grand intérêt, hors de propos dans cette conférence, je dois pourtant vous faire toucher du doigt cette réfutation péremptoire.

Le Saint-Siège, par l'organe du cardinal Consalvi, proposait ce texte : « Le culte catholique sera public. » Et Bonaparte, poussé par Talleyrand, voulait ajouter : « en se conformant aux règlements de police. » C'était justement, pour légitimer les Articles organiques tenus secrètement en réserve. Consalvi comprit qu'avec une pareille formule, le Gouvernement pourrait retirer d'une main ce qu'il donnait de l'autre et il déclara que jamais il ne signerait une clause soumettant la publicité du culte aux règlements de police de l'Etat. Et comme on lui affirmait qu'il exagérait la portée des règlements de police, qu'il s'agissait seulement du maintien de la tranquillité publique, il répondit : « Si, par règlement de police, vous entendez seulement les moyens de maintenir la tranquillité publique, exprimez-le en toutes lettres ; ajoutez cela au texte et cette réserve garantira pleinement l'Eglise. » Mais cette restriction devait enlever toute base aux Articles organiques tels qu'on les préparait. Voilà la question bien posée : qui va l'emporter ? On ne saurait s'imaginer la pression exercée alors sur le cardinal Consalvi. Sa résistance faillit faire rompre les négociations, mais enfin il résista jusqu'au bout et le Concordat fut signé en limitant au maintien de la tranquillité publique le pouvoir réglementaire du Gouvernement.

Cet aperçu historique prouve deux choses : la première, c'est que la plupart des Articles organiques ne sont pas valables ; la seconde, c'est que, pas plus en 1884 qu'en 1802, on ne peut toucher à la liberté de l'Eglise et à la publicité du culte catholique sans toucher en même temps au Concordat, ce que défendent à la fois la loyauté, l'honneur, la justice et le droit. (*Applaudissements prolongés.*)

Les projets de loi sur les rapports de l'Eglise et de l'Etat.

Et cependant, Messieurs, que se passe-t-il au sein du Parlement? Les adversaires de l'Eglise veulent modifier de leur propre autorité ses rapports avec l'Etat et je trouve cinq projets distincts proposés à la Chambre des députés pour arriver à ce but.

Voici d'abord la proposition de M. Bernard Lavergne. D'un mot j'en indique le sens : il faut remanier et fortifier les Articles organiques, supprimer les dispositions ridicules et par trop vieillies, rajeunir les moyens de défense de l'Etat, établir des sanctions contre le clergé par l'amende et la privation de traitement, enfin créer des officialités pour prononcer les peines disciplinaires contre les ecclésiastiques.

La proposition de M. Corentin-Guyho se rapproche beaucoup de tout cela, mais aux officialités elle préfère, pour juger les membres du clergé, un Conseil supérieur des cultes. La composition de ce Conseil, de ce tribunal supérieur, offrirait, d'ailleurs, les garanties les plus incroyables ! Ainsi les membres seraient nommés, pour le premier tiers, par la Chambre des députés et le Sénat, pour le second tiers, par le Conseil d'Etat, et pour le dernier tiers, par le

Ministre des cultes, qui aurait la douce obligation de désigner entre autres un pasteur pro-
testant et un rabbin. Si le clergé ne se déclare
pas absolument satisfait, en vérité, c'est qu'il
est bien difficile à contenter. (*Rires et applaudissements.*)

M. Paul Bert, l'auteur du troisième projet,
est persuadé que les officialités et le Conseil supérieur des cultes touchent de trop près au
pouvoir spirituel de l'Eglise et c'est sans doute
pour ne pas empiéter sur ce pouvoir si respecté
qu'il considère le Ministre des cultes comme un
tribunal bien suffisant pour prononcer les peines
disciplinaires. Il veut se renfermer dans le
Concordat et les Articles organiques pour en
obtenir la véritable exécution et il prétend y
arriver de deux façons : d'abord en retirant à
l'Eglise tous les avantages qui ne sont pas
écrits dans le Concordat ; ensuite, en punissant
de privation de traitement et d'amende l'inob-
servation des Articles organiques.

Beaucoup plus simple est la proposition de
M. Boysset, signée par quatre-vingt-sept députés. Elle se compose de deux petites phrases :
« Le Concordat et les Articles organiques sont
« abrogés. — Ni le culte catholique, ni aucun
« autre culte ne sera reconnu ni subventionné
« par l'Etat. » Il n'est pas plus difficile que
cela de dénouer les rapports de l'Eglise et de
l'Etat.

D'après M. Jules Roche, la chose est autrement compliquée. Voter le principe de la séparation, c'est bien ! mais il est indispensable de

régler en même temps la situation du clergé et de séculariser ses biens. Aussi M. Jules Roche et ses amis proposent-ils, entre autres dispositions, d'enlever les églises au culte et de confisquer, au profit de l'Etat, les biens des fabriques et des congrégations. (*Mouvement.*) Cela vous paraît impossible à croire et pourtant ne pensez pas que j'exagère. J'ai ce projet sous les yeux. L'article 3 met l'Etat et les communes en pleine possession et jouissance des Eglises, puis l'article 5 défend de les employer, fût-ce à titre de bail, pour le service des cultes ! Est-ce assez clair ? Ecoutez maintenant la formule des articles 4 et 11 : « Les biens mobiliers et immobi-« liers des fabriques, des séminaires, des con-« sistoires appartiennent à la Nation, qui en « prendra possession immédiate. — Les biens « détenus par les congrégations et communau-« tés non autorisées appartiennent à l'Etat qui « en prendra possession immédiate. » (*Sensation prolongée.*) Vous voyez, Messieurs, qu'il suffit de dire les choses telles qu'elles sont pour effrayer tous ceux qui ont le sentiment de l'honnêteté et de la probité. (*Applaudissements.*)

Tous ces projets ont été successivement pris en considération par la Chambre des députés et renvoyés à une commission composée de vingt-deux membres, au lieu de onze, à cause de l'importance de son rôle. Cette commission a tenu de longues séances, examiné tous les projets et discuté tous les systèmes : ses travaux ont été recueillis dans un long rapport de M. Paul Bert, président de la commission. A mon avis, ce rapport de M. Paul Bert (1) est le document officiel le plus important qui ait été publié depuis le commencement de la lutte des pouvoirs publics contre la religion ; c'est celui qui montre le mieux le vrai caractère de cette lutte et qui fait connaître, dans tous ses détails, le plan de l'impiété, justifiant, au-delà de tout ce qu'on pouvait craindre, les appréhensions, les alarmes, les terreurs de ceux qui unissent dans un même amour la religion et la patrie. (*Applaudissements.*)

Deux systèmes se trouvaient en présence. D'un côté, celui que j'appellerais le système radical, se déclarant pour l'abrogation du Concordat, la suppression du budget des cultes, la séparation de l'Eglise et de l'Etat. (*Applaudissements dans certaines parties de la salle.*) Attendez, Messieurs, avant de vous prononcer. Peut-être regretterez-vous tout à l'heure une marque d'adhésion imprudente, quand vous aurez compris que, dans la séparation, l'Etat perdrait plus que l'Eglise ! (*Vifs applaudissements.*) Le second système est le système opportuniste voulant le maintien du Concordat, sauf à en faire une application qui le détruise. Rien n'est plus caractéristique que le débat auquel nous fait assister le rapport de M. Paul Bert.

(1) *Journal officiel*, année 1883. *Documents parlementaires de la Chambre des députés*, page 1167.

Le système radical de la séparation de l'Eglise et de l'Etat. Pourquoi la majorité de la Chambre n'en veut pas.

Les partisans du système radical posent un principe et en tirent logiquement les conséquences. Le principe, c'est que la religion est chose absolument indifférente pour l'Etat; la société n'a nul besoin de religion. Les conséquences, c'est que l'Etat n'a point à s'allier avec l'Eglise, partant plus de Concordat! c'est que l'Etat n'a point à protéger la religion, partant plus de budget des cultes! La séparation complète entre l'Eglise et l'Etat s'impose à toute société.

A cela que répondent les partisans du système opportuniste? Je cite presque textuellement le rapport de M. Paul Bert : « Aux principes philosophiques de cette argumentation, la majorité de la commission n'a rien trouvé à reprendre. Nous pensons non seulement que l'état social vers lequel aspirent nos collègues est préférable et désirable, mais qu'il convient de travailler à en préparer l'établissement; et nous sommes absolument d'accord avec eux, pour appeler de nos vœux et pour hâter de nos efforts sa réalisation. — Mais nous nous demandons si dans les circonstances actuelles, ce triomphe ne serait pas retardé et compromis précisément par les moyens qu'ils nous proposent d'employer. N'oublions pas qu'il s'agit de la religion catholique, si grande dans le passé, si forte dans le présent ! Elle reste grande dans le passé, car elle a, pour ainsi dire, pétri l'âme de la France... Elle reste forte dans le présent, car elle inscrit au registre de ses baptêmes les 97 centièmes des enfants de ce pays et parmi les libres-penseurs, il y en a bien peu qui refusent de faire bénir leur mariage par le prêtre : la plupart terminent même leurs jours en revenant à la foi de leur enfance. *(De vifs applaudissements soulignent ces aveux de M. Paul Bert.)*

— Donc, que l'Eglise soit séparée de l'Etat et laissée libre, ce sera avant trente ans la main mise sur la France par l'Eglise catholique, riche, influente, prospère, puissante... »

Mais, reprennent les apôtres de la séparation immédiate, n'allez pas si vite. Nous pouvons dissiper vos craintes. Nous savons parfaitement l'importance redoutable que pourrait prendre l'Eglise et nous avons préparé les mesures nécessaires pour écarter les dangers. Nous sommes prêts à prohiber les congrégations religieuses, à soumettre les assemblées de fidèles aux lois sur les réunions et associations, à priver les membres du clergé du droit d'enseigner, à empêcher les biens de main-morte en confisquant actuellement les biens des établissements religieux et en défendant pour l'avenir la propriété ecclésiastique.....

« A la bonne heure, s'écrie M. Paul Bert, vous êtes des hommes pratiques et c'est avec vous particulièrement, M. Jules Roche, que nous aimons à discuter, car vos propositions sont très importantes et très étudiées. Mais, entendez-le bien, dans l'état actuel de la société française, toutes ces mesures seraient absolument inefficaces et de plus fort dangereuses. Elles seraient inefficaces, parce que le jour où l'Eglise, réduite à ses propres ressources, devra aller réclamer à ses fidèles l'argent nécessaire pour faire vivre ses prêtres et pourvoir aux besoins de son culte, aucune force humaine, aucune loi ne pourra empêcher les uns de donner et les autres de recevoir ! » (*Double salve d'applaudissements.*)

Oui, Messieurs, vous avez raison d'applaudir avec enthousiasme à cette prévision de M. Paul Bert, et si jamais la situation qu'on médite contre l'Eglise se réalisait, qu'ils n'aient pas menti, ces ennemis du Christ, qui nous croient capables de toutes les résistances et de tous les sacrifices ! (*Vives acclamations.*)

« Et puis, ajoute le rapport de M. Paul Bert, quel danger de susciter la question religieuse d'un bout à l'autre du pays, dans les moindres hameaux et dans tous les ménages ! Vous forcez tout le monde à se prononcer pour ou contre la religion. Il ne sera pas difficile d'exploiter la prétendue persécution contre l'Eglise et savez-vous ce qui arrivera ? Les élections se retourneront contre nous et le déplacement de quelques millions de voix fera sombrer la République ! » (*Ah ! ah !*)

Ce dernier argument était décisif ! Et voilà pourquoi la commission du Concordat a rejeté le système radical de la séparation de l'Eglise et de l'Etat. (*Rires et applaudissements.*)

En vérité, Messieurs, de plus nobles motifs pouvaient amener cette conclusion. Si le Concordat ne doit pas être abrogé, c'est parce que l'Etat ne saurait abolir par une loi le traité qu'il a passé avec l'Eglise. Si le budget des cultes ne doit pas être supprimé, c'est parce que ce serait un acte malhonnête, je veux dire l'acte d'un débiteur qui ne reconnaît plus sa dette. Si l'Eglise ne doit pas être séparée de l'Etat, c'est parce que leur alliance s'impose à une grande nation catholique et qu'elle forme la meilleure garantie de la paix religieuse, de la force et de la prospérité de la France ! (*Vifs applaudissements.*)

Le système opportuniste de la stricte exécution du Concordat.

Mais ces raisons ne touchent guère M. Paul Bert et ses amis. Le moment ne leur paraît pas opportun pour rompre avec l'Eglise et voilà tout. L'heure de la séparation viendra, mais elle n'est pas encore venue. Ne voit-on pas les pays protestants eux-mêmes comprendre la nécessité de s'entendre avec le chef de l'Eglise catholique ? Un orateur de la Chambre des députés citait, il y a quelques jours, un argument d'une vérité et d'une tristesse profondes, il montrait à la France, peuple catholique, l'exemple de l'Allemagne... (*Vive interruption au milieu de la salle*) Veuillez, Messieurs, me permettre de nommer cet orateur, il appartient au parti de ceux qui m'interrompent, c'est

M. Spuller ! (*Bravos et applaudissements pro-longés.*)

Le système opportuniste repousse donc la séparation de l'Eglise et de l'Etat, mais son unique souci est « de modifier les conditions de milieu qui s'opposent actuellement à cette séparation et de préparer le triomphe futur de la thèse qu'il combat aujourd'hui.» Et que va-t-on faire pour cela ?

D'abord, ainsi que l'explique le rapport, « il faut attendre que l'éducation publiqae et particulièrement celle des femmes, délivrée enfin de la direction et de la surveillance de l'Eglise, ait préparé des esprits plus indépendants. » — Ne trouvez-vous pas, Messieurs, que cet espoir forme un lumineux commentaire des lois récentes sur l'instruction et ne voyez-vous pas enfin qu'on s'apprête déjà, malgré tant de protestations hypocrites, à recueillir les fruits d'une éducation publique sans religion et sans Dieu ? (*Vif assentiment.*)

Et pendant qu'on élèvera une nouvelle génération sans croyance, on va préparer la rupture avec l'Eglise par une série de mesures qui l'affaibliront graduellement. Quand elle sera devenue inoffensive, on pourra proclamer la séparation. Telle est la méthode que M. Paul Bert décore du nom de « stricte exécution du Concordat, » tel est le système qui a été adopté par la commission et qui paraît correspondre à la majorité de la Chambre. Voici ce qu'on se propose d'accomplir: écoutez et jugez.

On veut maintenir le Concordat pour s'en

faire une arme puissante contre l'Eglise. — Une arme, on ne craint pas de prononcer le mot! — Mais par quel raisonnement arrive-t-on à transformer en une arme de guerre ce traité d'alliance et de paix? En soutenant qu'il faut enlever à l'Eglise tous les avantages qui ne sont pas expressément stipulés et accordés en toutes lettres dans le texte du Concordat. Partant de ce principe, on dresse le programme suivant : Suppression des bourses dans les séminaires, suppression du traitement des chanoines, suppression des affectations d'immeubles aux établissements ecclésiastiques, suppression de la plupart des ressources des fabriques, suppression du concours des communes dans les dépenses du culte, suppression de la dispense du service militaire pour les ecclésiastiques, suppression des congrégations religieuses.

Et le principe de la liberté de l'Eglise ! et la bonne foi ! qu'en faites-vous, M. Paul Bert ? Ignorez-vous donc que tout ce que vous voulez supprimer, c'est la suite, la conséquence, l'application loyale du Concordat (*Applaudissements.*) et faut-il vous rappeler que Bonaparte, après avoir offert les avantages du Concordat comme un minimun que le temps devrait augmenter, voulut lui-même établir la plupart des dispositions que vous dites arrachées à la faiblesse des gouvernements successifs ? Quoi ! le Concordat proclame que la Religion catholique sera librement exercée en France et vous pourriez empêcher le clergé de se recruter en dépeuplant les séminaires et en lui imposant la vie des casernes !

Le Concordat proclame que la Religion catholique sera librement exercée en France et vous pourriez empêcher les fidèles de faire leur salut éternel à leur guise, en prohibant la vie religieuse en commun, quand l'Eglise nous enseigne que tant de saints l'ont choisie pour mieux se préparer à l'éternité ! (*Vifs applaudissements.*)

Ce n'est pas tout : on prétend trouver dans le budget des cultes un bon moyen de persécuter le clergé. On s'octroie la faculté de supprimer les traitements ecclésiastiques par mesure administrative, toutes les fois qu'un prêtre, curé ou évêque, agira contre la volonté du gouvernement. On aggrave les Articles organiques et par une ingénieuse combinaison, on se sert du budget des cultes pour en assurer le respect. Qui n'obéit pas aux prescriptions des Articles organiques perdra le traitement que lui garantit le Concordat.

Rappelez-vous, Messieurs, l'origine des articles organiques, le caractère des traitements concordataires, et dites-moi si on ne viole pas un droit pour sanctionner des dispositions parfois sans valeur, dites-moi si on ne commet pas une double iniquité. (*Applaudissements.*)

Mais qu'importe ? Le but qu'on poursuit sera atteint : le budget des cultes sera supprimé par fractions et le déficit du clergé ne sera pas comblé. C'est M. Paul Bert qui l'affirme et qui prend la peine de démontrer la supériorité de son système. La suppression en bloc du budget des cultes ferait jaillir les millions au profit de l'Eglise, c'est évident. Qu'au contraire, le curé de village soit frappé par mesure personnelle et les fidèles ne lui rendront pas son traitement: on se dira sans doute qu'il aurait dû être plus prudent et les confrères du voisinage auront une terreur légitime de déplaire au gouvernement.

Je ne sais quelle impression vous produit ce raisonnement : moi je le trouve odieux, abominable. (*Applaudissements.*) Et c'est avec une douleur profonde que je me représente la situation que les pouvoirs publics veulent faire au clergé de France. C'est avec une indignation impossible à contenir, que j'entends parler de peines appliquées sans jugement, en vertu de la volonté d'un ministre et dans quel but? — l'expérience est déjà faite sur le terrain de l'éducation chrétienne, — pour punir les uns, pour arrêter les autres, dans l'accomplissement de leurs devoirs les plus sacrés ! (*Vives acclamations*).

Est-il besoin d'ajouter que le texte même du Concordat proteste énergiquement contre la suppression des traitements ecclésiastiques par le fait du gouvernement ! Le système tout entier de M. Paul Bert n'est-il pas fondé sur le mépris le plus complet du Concordat dont il prétend vouloir la stricte exécution ? Ne va-t-il pas jusqu'à dire que l'Etat est le maître du budget des cultes et jusqu'à prévoir l'hypothèse où le budget n'existerait plus qu'en droit et aurait disparu en fait, sans que le Concordat soit violé? Certes, M. Paul Bert a bien mérité d'être rappelé au sentiment de la justice, même par le

XIXe Siècle, ce journal si peu suspect de partialité pour l'Eglise, qui s'écriait récemment : « Il n'y a pas de milieu ; ou bien il faut dénoncer le Concordat, ou bien il faut l'exécuter loyalement. » (*Très bien.*)

Oui, c'est la loyauté qui manque au système opportuniste de la stricte exécution du Concordat. Quand on ose dire que la politique concordataire doit avoir pour but d'affaiblir tellement l'Eglise que le jour où on la séparera de l'Etat, elle n'ait plus la force de vivre, on a peut-être le mérite d'une cynique franchise, mais on n'a pas celui de la bonne foi ! Celui qui se conduirait vis-à-vis de son voisin comme on veut que l'Etat se conduise vis-à-vis de l'Eglise serait indigne, flétri, déshonoré ! (*Applaudissements prolongés.*)

Oui ou non, est-ce la guerre à la religion ?

Et maintenant, Messieurs, oui ou non, est-ce la guerre à la religion ? qui songerait encore au cléricalisme en présence de cette lutte ouverte contre le catholicisme ? Le plan des ennemis de la foi vous paraît-il complet ? et comprenez-vous combien le péril est grand, combien le danger est imminent ? En quelques années, la face du pays peut être transformée et flétrie. Ce n'est pas une phrase creuse, je vous l'affirme, de déclarer qu'il y va du salut des âmes et du salut de la société. La France, notre patrie bien-aimée, cessera d'être la France si elle cesse

d'être chrétienne ; car, je le dis avec un vaillant défenseur de nos libertés, M. Chesnelong :
« Le sentiment chrétien est comme la respiration naturelle de la France. (*Applaudissements.*) Il y a dans le sol que nous foulons, dans l'atmosphère que nous respirons, dans la pierre de nos autels et de nos tombeaux, dans le rayonnement de nos foyers, dans le sourire de nos mères, dans le sang même qui monte à nos cœurs comme une grande émanation de christianisme qui porte son empreinte sur ceux-là mêmes qui la répudient avec éclat. » (*Vives acclamations.*)

Eh bien, je refuse de croire que sur cette terre de France, les catholiques puissent être impunément traités en ennemis et en vaincus. On les accuse d'être les ennemis de l'Etat, parce qu'ils ne veulent pas que l'Etat soit athée, ou plutôt parce qu'ils ne veulent pas que l'Etat usurpant la place de Dieu, se considère comme l'auteur de tous les droits et de tous les devoirs! On les tient pour des rebelles envers la société moderne, quand ils proclament qu'il vaut mieux obéir à Dieu qu'aux hommes : c'est le grief de tous les tyrans, mais c'est la maxime de tous les martyrs, c'est le cri de la vraie liberté ! (*Applaudissements répétés.*)

Il y a quelque temps, pendant la discussion des lois sur l'enseignement, on lisait au Sénat une pétition dont je me plais à vous rapporter les termes : « Les catholiques français, Messieurs les sénateurs, savent toute la soumission qu'ils doivent aux lois de leur pays, mais ils savent aussi qu'avant d'obéir aux hommes, ils doivent obéir à Dieu. Ne comptez pas que jamais ils reculent devant les luttes et les sacrifices pour arracher les âmes de leurs enfants aux périls qui les menacent. » (*Bravo! bravo!*)

Comment! s'écria-t-on à gauche, il vaut mieux obéir à Dieu qu'aux hommes! On ose parler ainsi! Mais c'est un appel à la révolte : les catholiques sont des rebelles envers l'Etat!

Ah! Messieurs, il me semble que pour rendre à la raison ces fougueux défenseurs de l'Etat, un sénateur aurait dû se lever et rappeler cette magnifique déclaration inscrite à la première page de la Constitution de 1848 : « La République reconnaît des droits et des devoirs antérieurs et supérieurs aux lois positives. » (*Applaudissements.*) Ce qui veut dire : la loi de Dieu est au-dessus de la loi de l'Etat! — Ce qui veut dire : il vaut mieux obéir à Dieu qu'aux hommes, quand les hommes oublient les droits de Dieu! (*Nouveaux applaudissements.*)

Certes, l'heure est solennelle! Ceux qui poussaient, il y a quelques années, des cris d'alarme pour signaler les périls, seraient tentés de pousser aujourd'hui des cris de détresse en présence des faits accomplis. Mais non! ils savent que l'homme s'agite et que Dieu le mène, ils savent que Dieu est le maître du monde, ils savent que les sombres tristesses du présent ne font peut-être que voiler un radieux avenir. A nous, qui croyons en Dieu et qui aimons la France, de le préparer par notre résistance à l'impiété. Soyons à la hauteur de nos devoirs!

Nos efforts seront bénis, Dieu choisira son jour
et son heure, et bientôt nous pourrons dire avec
le poète :

> J'ai vu l'impie adoré sur la terre :
> Il semblait à son gré gouverner le tonnerre,
> Foulait aux pieds ses ennemis vaincus :
> Je n'ai fait que passer, il n'était déjà plus !

*(Vives acclamations et applaudissements
prolongés.)*

La contradiction.

M. Legé-Bersœur, rédacteur en chef de
l'*Avenir d'Arras*, demande la parole et, sur l'invitation du président, monte à la tribune.

Il se déclare ouvertement pour la séparation
de l'Eglise et de l'Etat : c'est un ménage qui ne
s'entend pas, le divorce doit être prononcé. La
République doit se défendre contre ses ennemis : ce n'est pas sa faute si, combattant le
cléricalisme, elle a trouvé derrière lui le catholicisme. C'est l'Eglise qui a commencé !

Il ne blâme point le système opportuniste de
procéder par voie de suppression de traitement,
mais il préfère le système radical de la suppression du budget des cultes et de l'abrogation
du Concordat. On s'abuse sur l'influence de
l'Eglise qui se réduit à tenir les femmes par le
confessionnal et qui serait la première à dénoncer le Concordat si elle ne devait pas y perdre.

Il insiste sur la nécessité de soumettre le
clergé au service militaire et il ajoute que les

séminaristes, après s'être frottés à la vie de caserne, ne retourneront guère à la religion.

Le Concordat n'est pas respecté par l'Eglise. La preuve, c'est que le clergé ne prête point serment à la République. Pourquoi la République ne pourrait-elle pas, en retour, supprimer les traitements du clergé ?

L'orateur ne croit pas inutile de chercher un *modus vivendi* entre l'Eglise et l'Etat : il indique l'application de la loi sur les syndicats professionnels et il propose de traiter l'Eglise comme les autres corps de métier.

Il conclut en déposant un ordre du jour tendant à « la séparation de l'Eglise et de l'Etat, « la suppression du budget des cultes et l'abro- « gation du Concordat. »

(Une partie de l'auditoire accueille, par de vifs applaudissements, le discours de M. Legé-Bersœur.)

Réplique de M. Groussau.

Le conférencier demande à présenter brièvement quelques observations.

Il remercie le contradicteur d'avoir parlé avec franchise et il démontre que le discours qu'on vient d'entendre est une éclatante confirmation de sa thèse. La question est de savoir si, oui ou non, l'on fait aujourd'hui la guerre à la religion. Or, M. Legé-Bersœur n'a pas dit : non !

Le conférencier croit inutile de donner une nouvelle réfutation du système radical qui brise les relations de l'Eglise et de l'Etat, mais il s'attache à prouver que l'Etat doit respecter les droits et la liberté des catholiques.

On s'imagine qu'il est facile de supprimer la religion parce qu'elle gêne la République ! — On ne se doute pas de la force que produit la foi dans le cœur de ceux qui savent ce que vaut leur âme et qui pensent à l'éternité ! On peut être certain que ceux-là ne laisseront pas enfermer l'Eglise dans la loi sur les syndicats professionnels.

On cherche des prétextes pour justifier la violation du Concordat et on fait un grief au clergé de ne pas prêter serment à la République ! — On n'oublie qu'une chose, c'est que la République a aboli le serment politique en 1870 et que l'Eglise ne peut pas prêter un serment qu'on refuse de recevoir.

M. Groussau termine en disant que, si un ordre du jour devait être soumis au vote de l'assemblée, il demanderait à l'assistance de constater que, « sous prétexte de combattre le « cléricalisme, les pouvoirs publics s'efforcent « de combattre l'Eglise catholique et de dé- « truire la religion. »

(Approbation de la grande majorité de l'auditoire. — Double salve d'applaudissements.)

Allocution du Président.

M. de Franssu, président, résume la discussion générale et fait remarquer que les deux orateurs sont d'accord, l'un pour dénoncer, l'autre pour reconnaître les attaques dirigées contre l'Eglise. Donc, à quelque ordre du jour que l'assemblée se range, la démonstration de ce point est acquise. Mais ce n'est pas ici le lieu d'émettre des votes qui divisent. Un sujet d'étude a été proposé ; la discussion a eu lieu avec courtoisie, elle a été suivie avec attention : que chacun des auditeurs, dans la liberté de ses réflexions, dégage la lumière et la vérité.

M. le Président déclare la séance levée, après avoir ajouté (au milieu des applaudissements de l'assistance), que tout le monde saura gré à la Ligue Saint-Martin d'avoir organisé une réunion si intéressante et si utile !

Arras, imp. du Pas-de-Calais. P.-M. LAROCHE, dir.